Messerschmitt Bf 109G
Finnish Air Force

W0037773

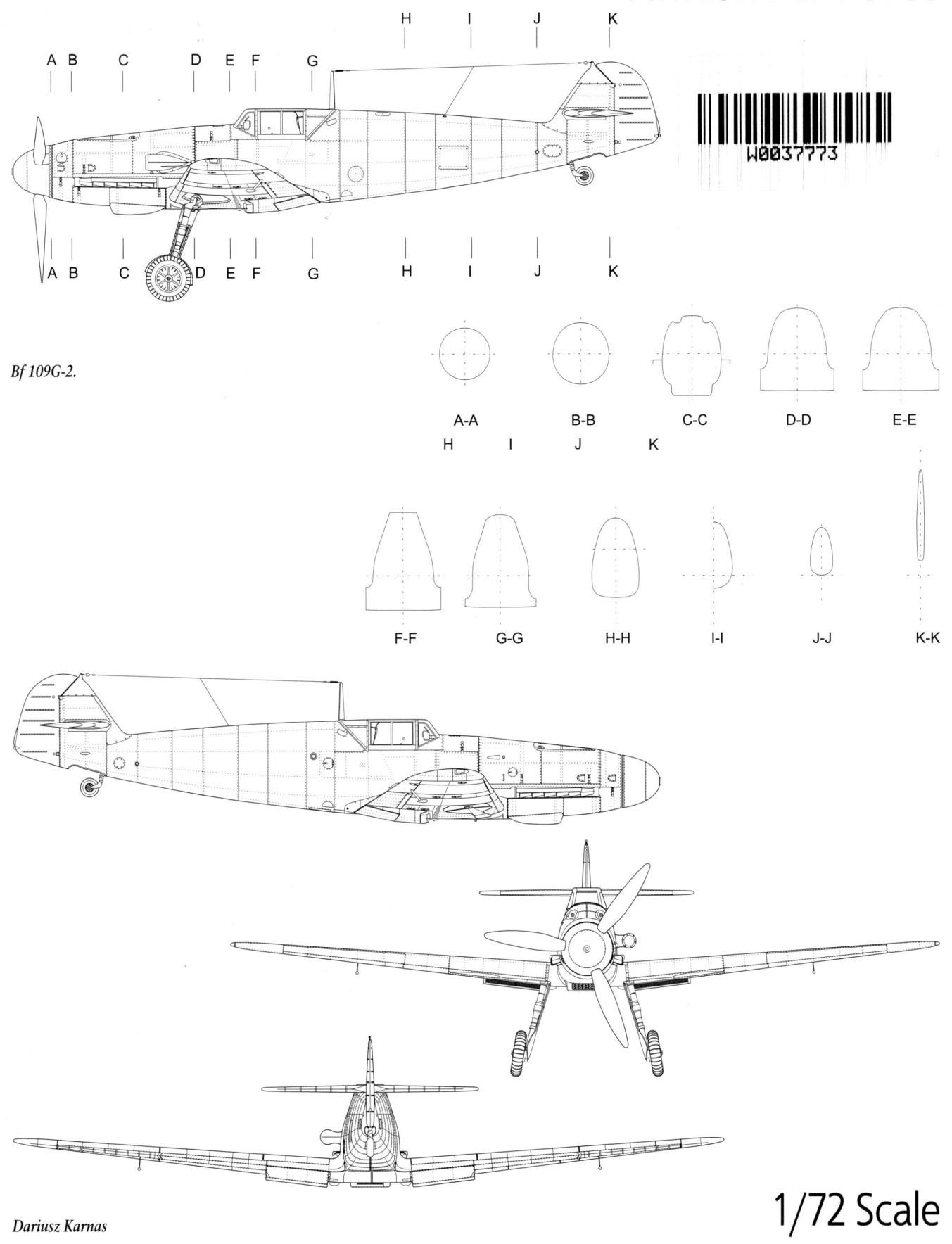

Bf 109G-2.

A-A B-B C-C D-D E-E

F-F G-G H-H I-I J-J K-K

Dariusz Karnas

1/72 Scale

1

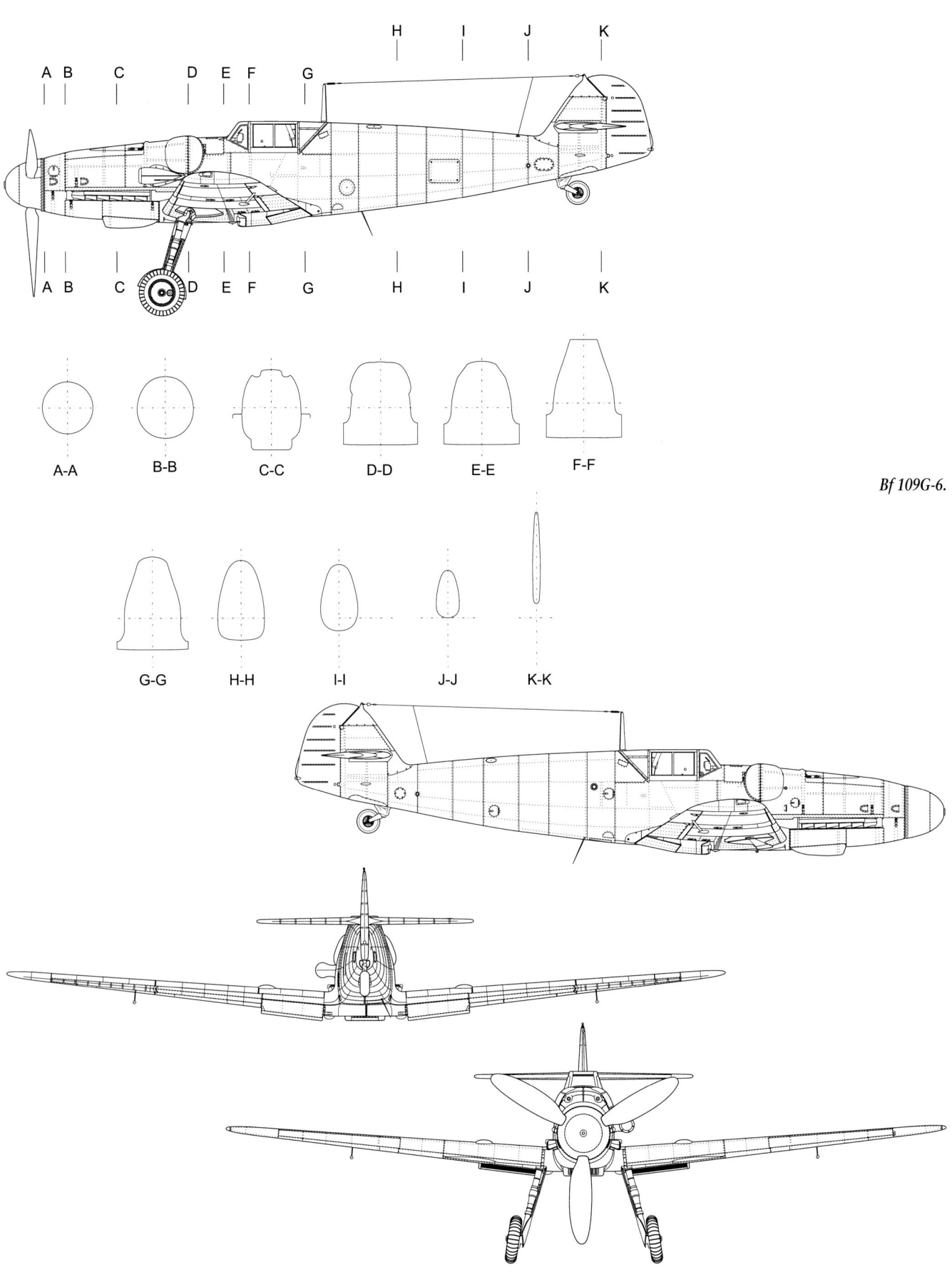

A-A   B-B   C-C   D-D   E-E   F-F

Bf 109G-6.

G-G   H-H   I-I   J-J   K-K

1/72 Scale

Dariusz Karnas

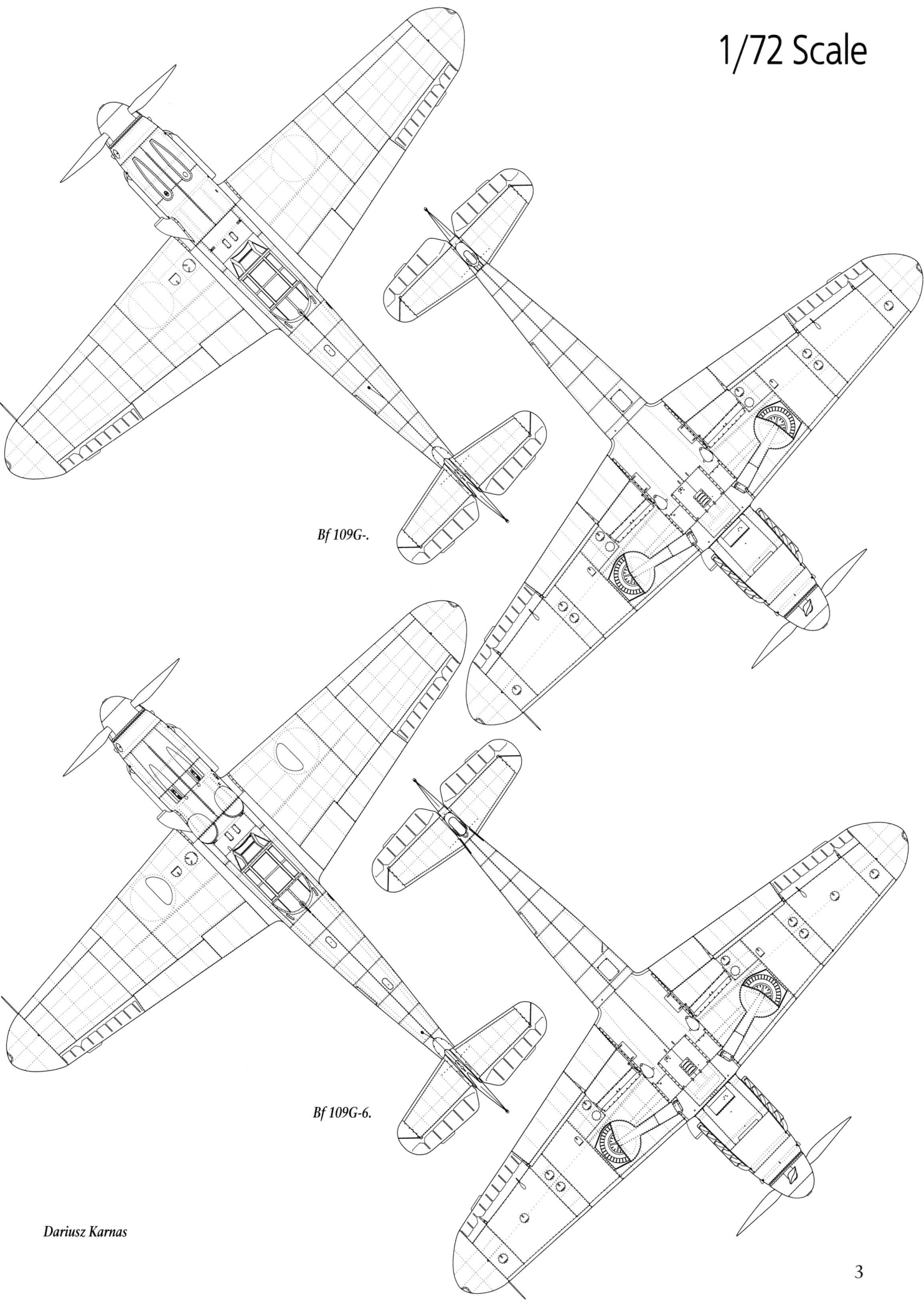

1/72 Scale

Bf 109G-.

Bf 109G-6.

Dariusz Karnas

3

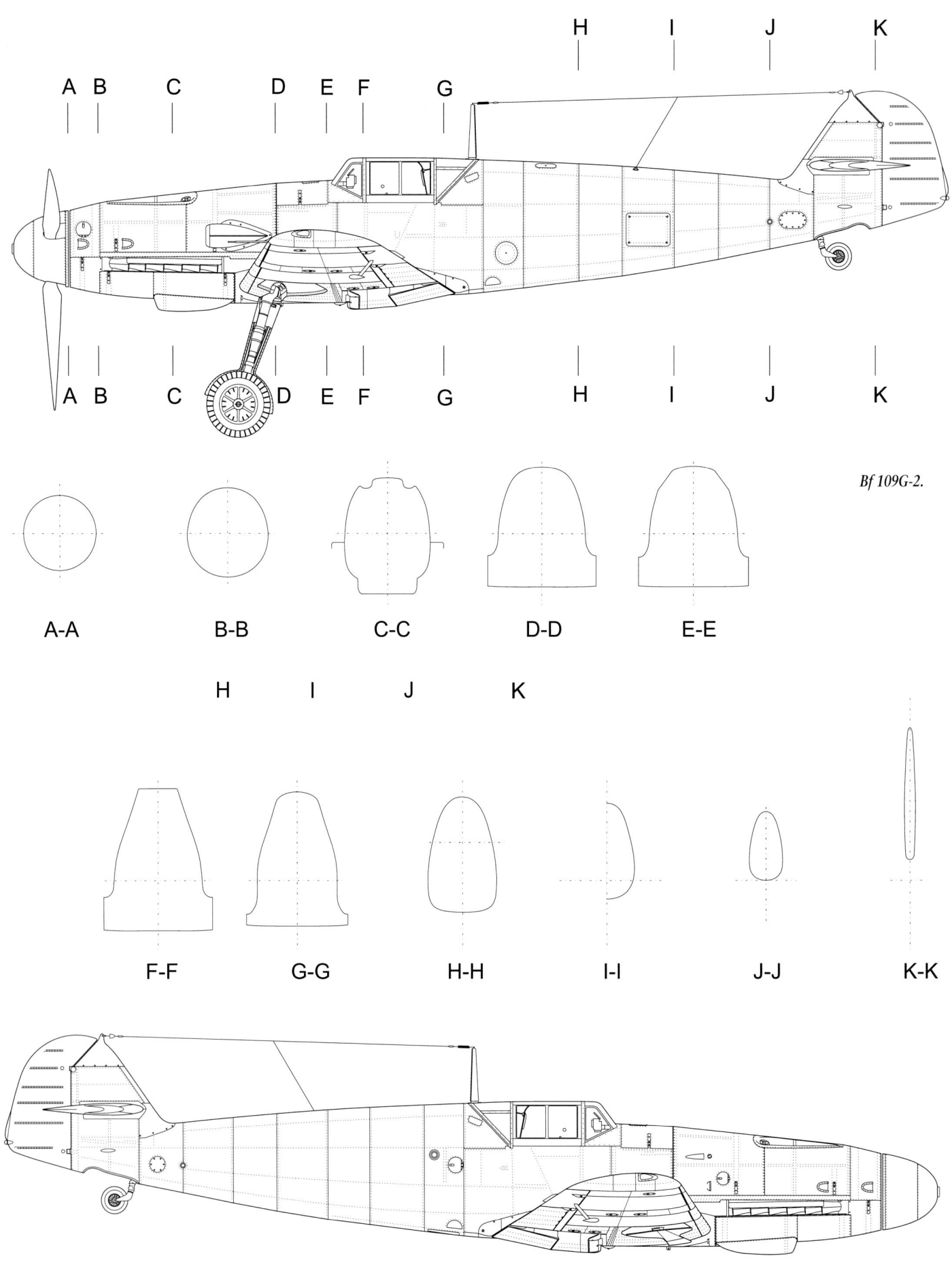

A B   C   D E F   G   H   I   J   K

A B   C   D E F   G   H   I   J   K

Bf 109G-2.

A-A   B-B   C-C   D-D   E-E

H   I   J   K

F-F   G-G   H-H   I-I   J-J   K-K

1/48 Scale

Dariusz Karnas

4

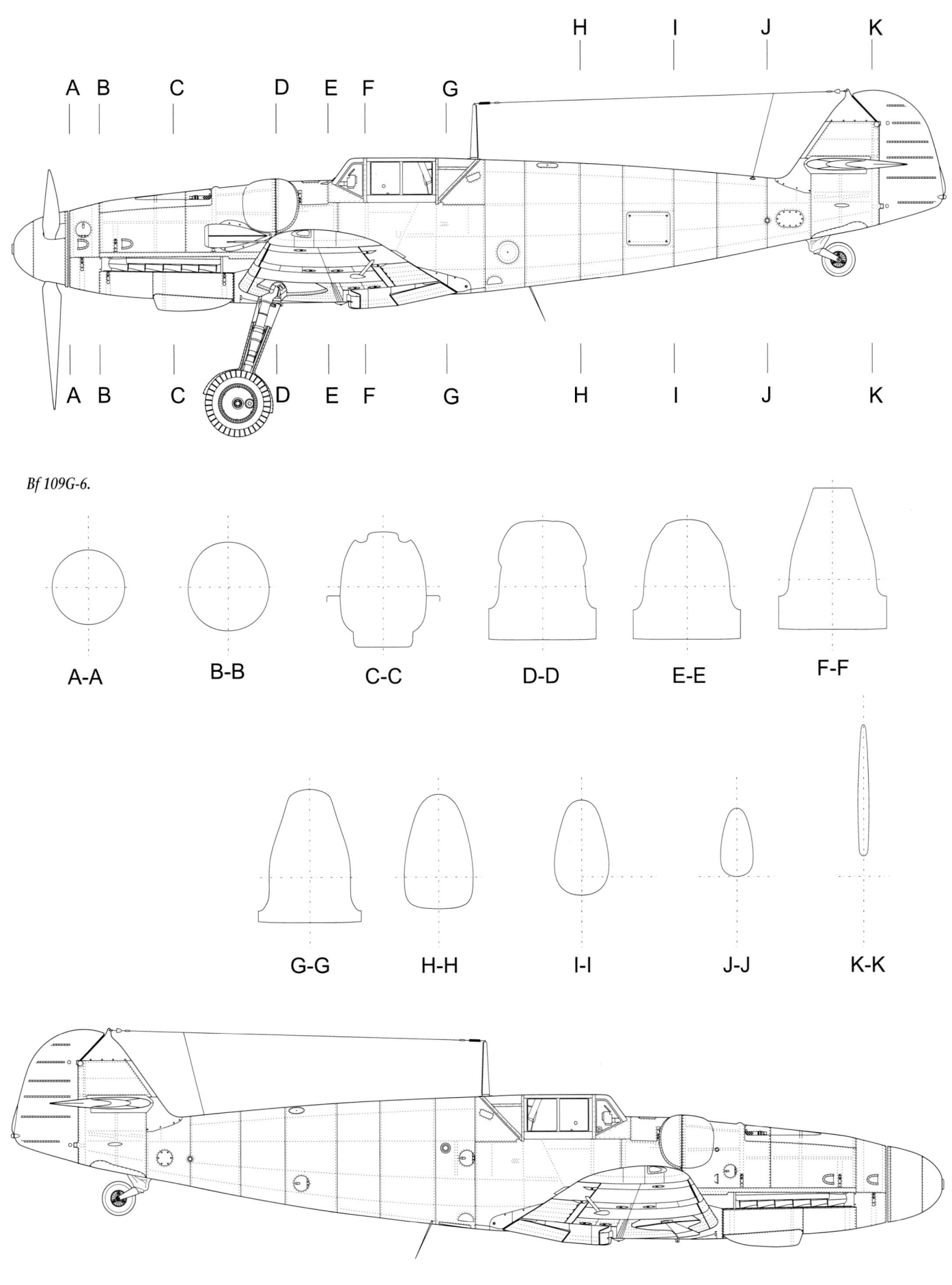

A B C D E F G H I J K

A B C D E F G H I J K

Bf 109G-6.

A-A B-B C-C D-D E-E F-F

G-G H-H I-I J-J K-K

1/48 Scale

Dariusz Karnas

5

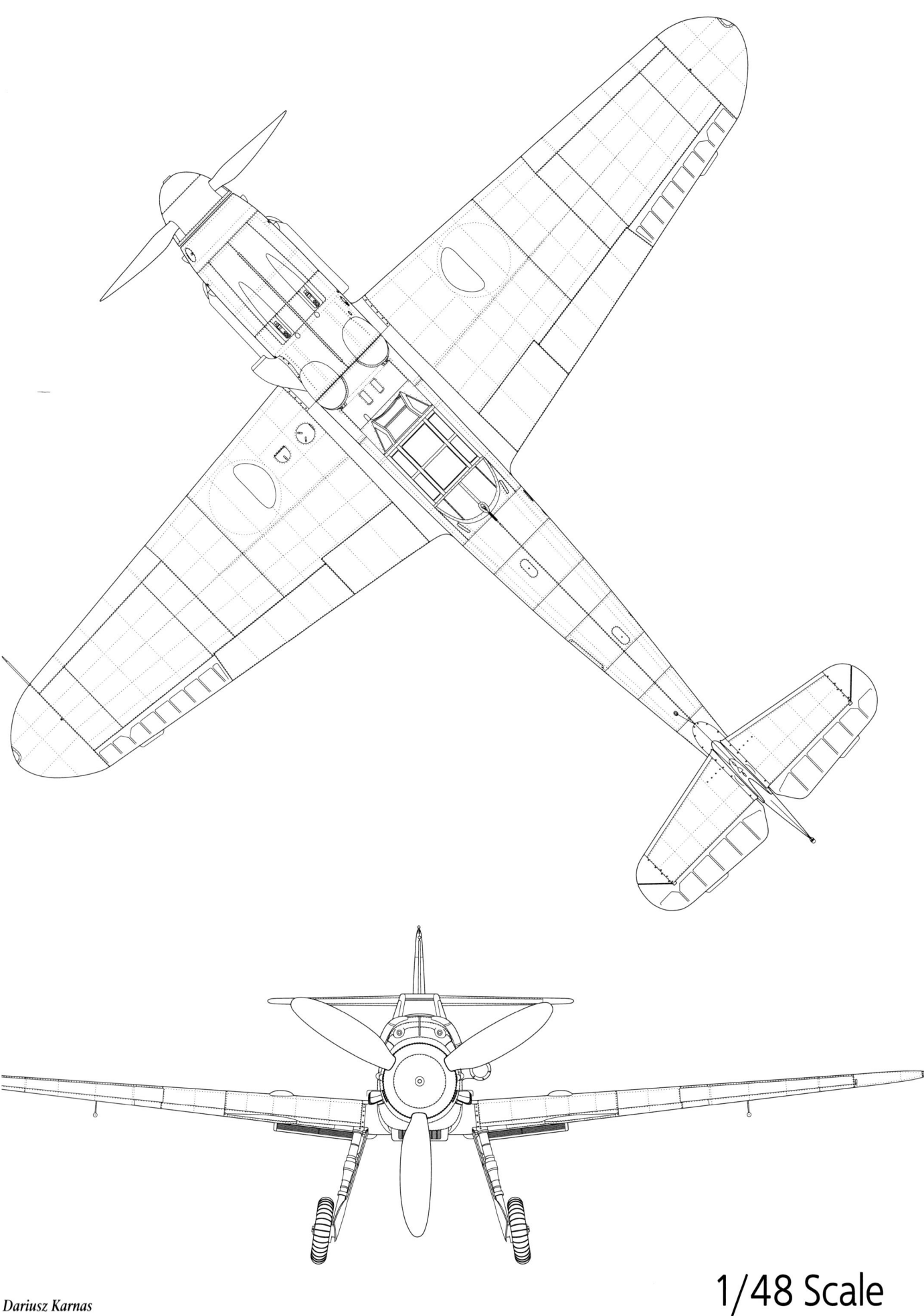

1/48 Scale

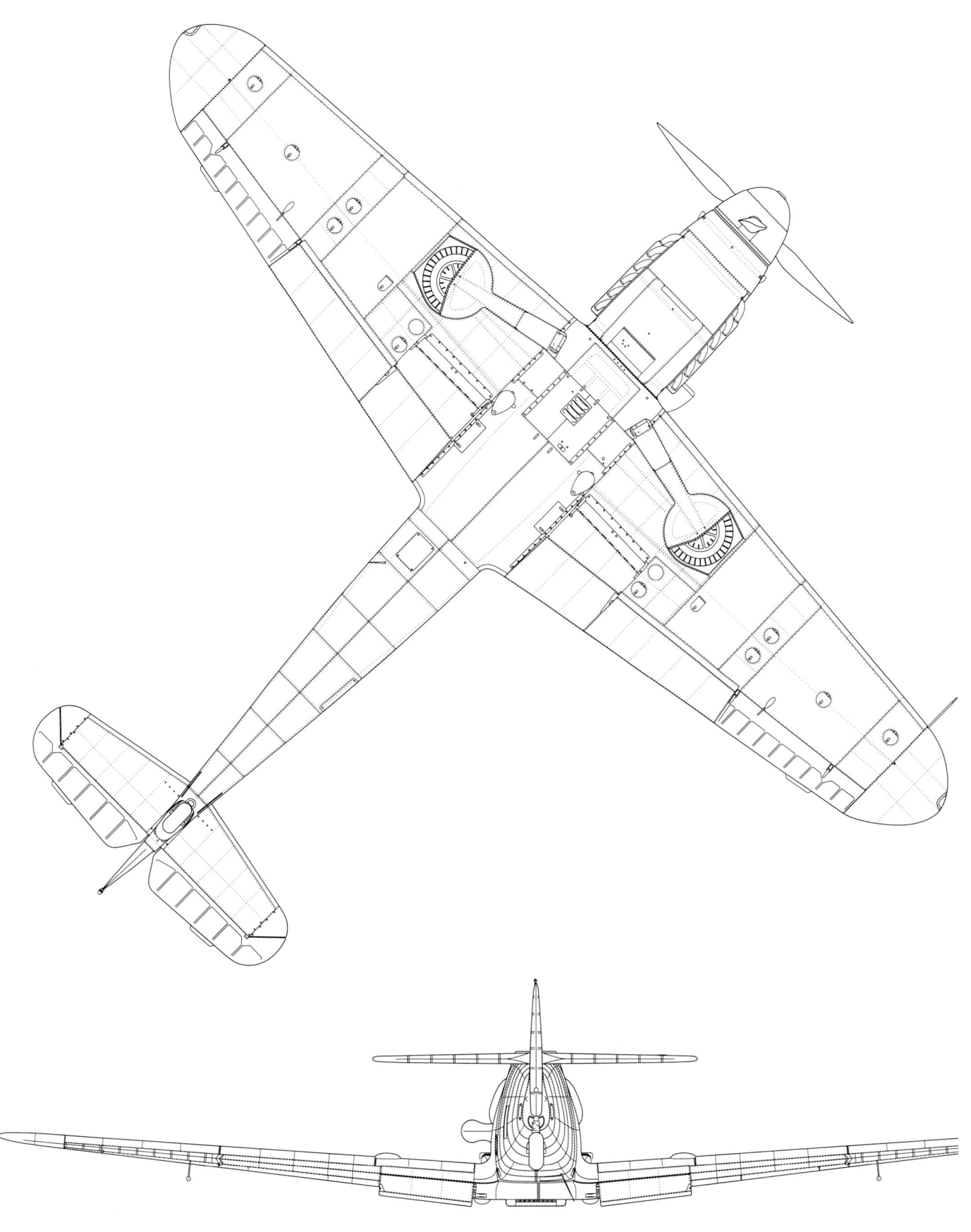

Dariusz Karnas

1/48 Scale

Karolina Holda

Bf 109 G-6, MT-415, *maj.* **Eino Luukkanen, Commander of** *Hävittäjälentolaivue 34,* **Taipalsaari airfield, June 1944.**
Camouflage colours: upper surfaces RLM 74 *Grüngrau* and RLM 75 *Grauviolett,* under surfaces RLM 76 *Lichtblau.* Standard Eastern Front markings Yellow, tail number Yellow, serial Black, spinner White and RLM 70 *Schwartzgrün.*

Bf 109 G-6, MT-435, *ylikers.* **Urho Lehto, 1/***Hävittäjälentolaivue 34,* **Lappeenranta airfield, June 1944.**
Camouflage colours: upper surfaces RLM 74 *Grüngrau* and RLM 75 *Grauviolett,* under surfaces RLM 76 *Lichtblau.* Standard Eastern Front markings Yellow, fuselage number White, serial Black, spinner White and RLM 70 *Schwartzgrün.*

Karolina Hołda

Bf 109 G-6, MT-435, *ylikers.* Urho Lehto, 1/*Hävittäjälentolaivue 34*, Lappeenranta airfield, June 1944.

Karolina Hołda

Bf 109 G-6/R6, MT-451, *ylikers.* Erik Lyly, 1/*Hävittäjälentolaivue 34*, Taipalsaari airfield, June 1944.
- Camouflage colours: upper surfaces RLM 74 *Grüngrau* and RLM 75 *Grauviolett*, under surfaces RLM 76 *Lichtblau*. Standard Eastern Front markings Yellow, fuselage number White, serial Black, spinner White and RLM 70 *Schwartzgrün*.

Bf 109 G-6/R6, MT-445, *ylikers.* Klaus Alakoski, 3/*Hävittäjälentolaivue 34*, Taipalsaari airfield, July 1944.
- Camouflage colours: upper surfaces RLM 74 *Grüngrau* and RLM 75 *Grauviolett*, under surfaces RLM 76 *Lichtblau*. Standard Eastern Front markings: Yellow, tail number Yellow, serial Black, spinner White and RLM 70 *Schwartzgrün*.

Karolina Holda

Bf 109 G-6, MT-455, *kers.* Arvo Koskelainen, *1/Hävittäjälentolaivue 24,* Lappeenranta airfield, June 1944.
- Camouflage colours: upper surfaces RLM 74 *Grüngrau* and RLM 75 *Grauviolett,* under surfaces RLM 76 *Lichtblau.* Standard Eastern Front markings Yellow, fuselage number Yellow, serial Black, spinner White and RLM 70 *Schwartzgrün.*

Bf 109 G-6, MT-423, *ylikers.* Hemmo Leino, *1/Hävittäjälentolaivue 34,* Taipalsaari airfield, July 1944.
- Camouflage colours: upper surfaces RLM 74 *Grüngrau* and RLM 75 *Grauviolett,* under surfaces RLM 76 *Lichtblau.* Standard Eastern Front markings Yellow, fuselage number Yellow, serial White, spinner White and RLM 70 *Schwartzgrün.*

Karolina Hołda

Bf 109 G-6, MT-426, *ltn.* **Ilmari Juutilainen, 1/***Hävittäjälentolaivue 34***, Taipalsaari airfield, June 1944.**
- Camouflage colours: upper surfaces RLM 74 *Grüngrau* and RLM 75 *Grauviolett*, under surfaces RLM 76 *Lichtblau*. Standard Eastern Front markings Yellow, fuselage number White, serial Black, spinner White and RLM 70 *Schwartzgrün*.

Bf 109 G-6, MT-456, *luutn.* **Otso Leskinen, 1/***Hävittäjälentolaivue 24***, Lappeenranta airfield, June 1944.**
- Camouflage colours: upper surfaces RLM 74 *Grüngrau* and RLM 75 *Grauviolett*, under surfaces RLM 76 *Lichtblau*. Standard Eastern Front markings Yellow, fuselage number Yellow, serial Black, spinner White and RLM 76 .

Karolina Hołda

Bf 109 G-6, MT-437, *ylikers*. Leo Ahokas, 3/*Hävittäjälentolaivue 24*, Lappeenranta airfield, June 1944.

● Camouflage colours: upper surfaces RLM 74 *Grüngrau* and RLM 75 *Grauviolett*, under surfaces RLM 76 *Lichtblau*. Standard Eastern Front markings Yellow, tail number Yellow, serial Black, spinner White and RLM 70 *Schwartzgrün*.

Bf 109 G-6, MT-458, *vääp*. Lasse Aaltonen, 3/*Hävittäjälentolaivue 34*, Taipalsaari airfield, August 1944.

● Camouflage colours: upper surfaces RLM 74 *Grüngrau* and RLM 75 *Grauviolett*, under surfaces RLM 76 *Lichtblau*. Standard Eastern Front markings Yellow, tail number Yellow, serial Black, spinner White and RLM 70 *Schwartzgrün*.

Karolina Hołda

Bf 109 G-2, MT-231, *luutn.* Kai Metsola, 1/*Hävittäjälentolaivue 24*, Lappeenranta airfield, June 1944.

● Camouflage colours: upper surfaces RLM 74 *Grüngrau*, under surfaces RLM 76 *Lichtblau*. Standard Eastern Front markings Yellow, fuselage number Yellow, serial Black, spinner White and RLM 70 *Schwartzgrün*.

Bf 109 G-6, MT-449, *luutn.* Olavi Puro, 2/*Hävittäjälentolaivue 24*, Lappeenranta airfield, June 1944.

● Camouflage colours: upper surfaces RLM 74 *Grüngrau* and RLM 75 *Grauviolett*, under surfaces RLM 76 *Lichtblau*. Standard Eastern Front markings Yellow, fuselage number Yellow, serial Black, spinner White and RLM 70 *Schwartzgrün*.

Karolina Hołda

Bf 109 G-6/R6, MT-453, *ylikers.* **Osmo Länsivaara,** *1/Hävittäjälentolaivue 34,* **Taipalsaari airfield, July 1944.**
● Camouflage colours: upper surfaces RLM 74 *Grüngrau* and RLM 75 *Grauviolett*, under surfaces RLM 76 *Lichtblau*. Standard Eastern Front markings Yellow, fuselage number White, serial Black, spinner White and RLM 70 *Schwartzgrün*.

Bf 109 G-6, MT-431, *2/Hävittäjälentolaivue 24,* **Utti airfield, September 1944.**
● Camouflage colours: upper surfaces RLM 74 *Grüngrau*, RLM 75 *Grauviolett* and Black, under surfaces RLM 76 *Lichtblau*, serial Black, spinner White and RLM 70 *Schwartzgrün*.

Opisy malowań
- Str. 8
  Bf 109 G-6, MT-415, mjr. Eino Luukkanen, Dowódca Hävittäjälentolaivue 34, lotnisko Taipalsaari, czerwiec 1944.
  Kamuflaż: górne powierzchnie RLM 74 Grüngrau i RLM 75 Grauviolett, dolne powierzchnie RLM 76 Lichtblau. Standardowe oznaczenia Frontu Wschodniego Żółte, numer na ogonie Żółty, numer seryjny Czarny, kołpak śmigła Biały i RLM 70 Schwartzgrün.
  Bf 109 G-6, MT-435, ylikers. Urho Lehto, 1/Hävittäjälentolaivue 34, lotnisko Lappeenranta, czerwiec 1944.
  Kamuflaż: górne powierzchnie RLM 74 Grüngrau i RLM 75 Grauviolett, dolne powierzchnie RLM 76 Lichtblau. Standardowe oznaczenia Frontu Wschodniego Żółte, numer na kadłubie Biały, numer seryjny Czarny, kołpak śmigła Biały i RLM 70 Schwartzgrün.

- Str. 10
  Bf 109 G-6/R6, MT-451, ylikers. Erik Lyly, 1/Hävittäjälentolaivue 34, lotnisko Taipalsaari, czerwiec 1944.
  Kamuflaż: górne powierzchnie RLM 74 Grüngrau i RLM 75 Grauviolett, dolne powierzchnie RLM 76 Lichtblau. Standardowe oznaczenia Frontu Wschodniego Żółte, numer na kadłubie Biały, numer seryjny Czarny, kołpak śmigła Biały i RLM 70 Schwartzgrün.
  Bf 109 G-6/R6, MT-445, ylikers. Klaus Alakoski, 3/Hävittäjälentolaivue 34, lotnisko Taipalsaari, lipiec 1944.
  Kamuflaż: górne powierzchnie RLM 74 Grüngrau i RLM 75 Grauviolett, dolne powierzchnie RLM 76 Lichtblau. Standardowe oznaczenia Frontu Wschodniego: Żółte, numer na ogonie Żółty, numer seryjny Czarny, kołpak śmigła Biały i RLM 70 Schwartzgrün.

- Str. 11
  Bf 109 G-6, MT-455, kers. Arvo Koskelainen, 1/Hävittäjälentolaivue 24, lotnisko Lappeenranta, czerwiec 1944.
  Kamuflaż: górne powierzchnie RLM 74 Grüngrau i RLM 75 Grauviolett, dolne powierzchnie RLM 76 Lichtblau. Standardowe oznaczenia Frontu Wschodniego Żółte, numer na kadłubie Żółty, numer seryjny Czarny, kołpak śmigła Biały i RLM 70 Schwartzgrün.
  Bf 109 G-6, MT-423, ylikers. Hemmo Leino, 1/Hävittäjälentolaivue 34, lotnisko Taipalsaari, lipiec 1944.
  Kamuflaż: górne powierzchnie RLM 74 Grüngrau i RLM 75 Grauviolett, dolne powierzchnie RLM 76 Lichtblau. Standardowe oznaczenia Frontu Wschodniego Żółte, numer na kadłubie Biały, numer seryjny Czarny, kołpak śmigła Biały i RLM 70 Schwartzgrün.

- Str. 12
  Bf 109 G-6, MT-426, ltm. Ilmari Juutilainen, 1/Hävittäjälentolaivue 34, lotnisko Taipalsaari, czerwiec 1944.
  Kamuflaż: górne powierzchnie RLM 74 Grüngrau i RLM 75 Grauviolett, dolne powierzchnie RLM 76 Lichtblau. Standardowe oznaczenia Frontu Wschodniego Żółte, numer na kadłubie Biały, numer seryjny Czarny, kołpak śmigła Biały i RLM 70 Schwartzgrün.
  Bf 109 G-6, MT-456, luutn. Otso Leskinen, 1/Hävittäjälentolaivue 24, lotnisko Lappeenranta, czerwiec 1944.
  Kamuflaż: górne powierzchnie RLM 74 Grüngrau i RLM 75 Grauviolett, dolne powierzchnie RLM 76 Lichtblau. Standardowe oznaczenia Frontu Wschodniego Żółte, numer na kadłubie Żółty, numer seryjny Czarny, kołpak śmigła Biały i RLM 76.

- Str. 13
  Bf 109 G-6, MT-437, ylikers. Leo Ahokas, 3/Hävittäjälentolaivue 24, lotnisko Lappeenranta, czerwiec 1944.
  Kamuflaż: górne powierzchnie RLM 74 Grüngrau i RLM 75 Grauviolett, dolne powierzchnie RLM 76 Lichtblau. Standardowe oznaczenia Frontu Wschodniego Żółte, numer na ogonie Żółty, numer seryjny Czarny, kołpak śmigła Biały i RLM 70 Schwartzgrün.
  Bf 109 G-6, MT-458, vääp. Lasse Aaltonen, 3/Hävittäjälentolaivue 34, lotnisko Taipalsaari, sierpień 1944.
  Kamuflaż: górne powierzchnie RLM 74 Grüngrau i RLM 75 Grauviolett, dolne powierzchnie RLM 76 Lichtblau. Standardowe oznaczenia Frontu Wschodniego Żółte, numer na ogonie Żółty, numer seryjny Czarny, kołpak śmigła Biały i RLM 70 Schwartzgrün.

- Str. 14
  Bf 109 G-2, MT-231, luutn. Kai Metsola, 1/Hävittäjälentolaivue 24, lotnisko Lappeenranta, czerwiec 1944.
  Kamuflaż: górne powierzchnie RLM 74 Grüngrau, dolne powierzchnie RLM 76 Lichtblau. Standardowe oznaczenia Frontu Wschodniego Żółte, numer na kadłubie Żółty, numer seryjny Czarny, kołpak śmigła Biały i RLM 70 Schwartzgrün.
  Bf 109 G-6, MT-449, luutn. Olavi Puro, 2/Hävittäjälentolaivue 24, lotnisko Lappeenranta, czerwiec 1944.
  Kamuflaż: górne powierzchnie RLM 74 Grüngrau i RLM 75 Grauviolett, dolne powierzchnie RLM 76 Lichtblau. Standardowe oznaczenia Frontu Wschodniego Żółte, numer na kadłubie Żółty, numer seryjny Czarny, kołpak śmigła Biały i RLM 70 Schwartzgrün.

- Str. 15
  Bf 109 G-6, MT-431, 2/Hävittäjälentolaivue 24, lotnisko Utti, wrzesień 1944.
  Kamuflaż: górne powierzchnie RLM 74 Grüngrau, RLM 75 Grauviolett i Czarne, dolne powierzchnie RLM 76 Lichtblau, numer seryjny Czarny, kołpak śmigła Biały i RLM 70 Schwartzgrün.
  Bf 109 G-6/R6, MT-453, ylikers. Osmo Länsivaara, 1/Hävittäjälentolaivue 34, lotnisko Taipalsaari, lipiec 1944.
  Kamuflaż: górne powierzchnie RLM 74 Grüngrau i RLM 75 Grauviolett, dolne powierzchnie RLM 76 Lichtblau. Standardowe oznaczenia Frontu Wschodniego Żółte, numer kadłuba Biały, numer seryjny Czarny, kołpak śmigła Biały i RLM 70 Schwartzgrün.